Inhalt

Die Hasenklasse

Kalle Knickohr ist traurig.
Die Hoppelbande
hat ihn reingelegt.
Seit Helge Hops weiß,
dass Kalle farbenblind ist,
spielt er ihm immer wieder
denselben Streich.

Immer wenn in der Hasenschule

Eierbemalen

auf dem Stundenplan steht,

steckt er Kalle

lauter rote Tuben in den Korb.

Kalle erkennt die Farben nicht

und malt fröhlich vor sich hin:

rote Kringel auf Rot.

Rote Tupfen auf Rot.

Und rote Streifen auf Rot.

„Aber Kalle!",

sagt Picasso Mümmel,

der Zeichenlehrer.

„Sollen die Kinder

denn einfarbige Eier bekommen?

Bunte sind doch viel schöner."

Kalle hört Helges Freunde lachen.

Traurig hoppelt er davon.

Im Wald trifft er
die kluge Tilla.
Die Eule gibt ihm einen Rat.
In der nächsten Malstunde
wird alles anders.

Kalle will gar nicht wissen,
welche Farben er im Korb hat.
Er verwendet für jedes Ei
nur eine einzige.

Natürlich fragt Lehrer Mümmel:
„Kalle, warum sind deine Eier
schon wieder einfarbig?"
Da strahlt Kalle ihn an:
„Ich schenke den Kindern
Gedichte,
schöne Worte
und gute Wünsche."

Tatsächlich – da steht:

Sommersonne.

Oder:

Tilabila balla bei,

wer hat das schönste Osterei?

Oder: *Wunderbunte Ostern!*

Hast du auch

ein einfarbiges Ei bekommen?

14

Wahrscheinlich
hat Kalle es bemalt.
In Schönschrift
und mit einer einzigen Farbe.
Wenn du hinsiehst,
erkennst du es sofort:
Rot auf Rot,
Gelb auf Gelb
oder Blau auf Blau.

Ostern im Zoo

Mila ist selig.

Mit Mama und Papa ist sie im Zoo.

An Ostern – zum Eiersuchen!

Opa ist auch dabei.

Das wird ein toller Tag!

Zuerst geht's zu den Elefanten.

Mila lacht:

„Hier können wir

keine Eier verstecken.

Schaut nur,

wie die Elefanten

mit ihren Rüsseln

die Blätter von den Bäumen rupfen!

Die schnappen jedes Ei!"

17

Weiter geht's

zum Affenfelsen.

Lustig springen die Affen

hin und her –

bis Mila kommt.

Da bleiben sie sitzen

und starren Mila an.

Mila guckt nämlich ganz genau hin.

18

Das macht die Affen neugierig.

Mila lacht:

„Hier können wir
die Eier auch nicht verstecken.
Die Affen beobachten alles.
Vielleicht kriegen sie Hunger
und klauen die Ostereier –
das will ich nicht."

19

Jetzt kommen sie zum Vogelhaus.
Viele bunte Vögel flattern
in einem riesigen Glashaus herum.
Davor wachsen Gras und Bäume.
„Hier können wir
unsere Eier verstecken",
sagt Mila.
Jeder versteckt die Eier,
die er selbst bemalt hat.

Bis auf ein Ei
werden alle gefunden.
Papa hat selbst vergessen,
wo er es versteckt hat.

Mila fragt immer wieder:
„Wo ist nur das Papa-Ei?"
Und Opa antwortet:
„Da oben, schau mal,
da oben sitzt der Papagei."
Mila lacht.

Später findet sie das Ei
doch noch.
Es ist ganz bunt –
und eine kleine Feder
klebt daran.
„Schaut mal, was ich habe",
ruft Mila,
„das Papa-Ei vom Papagei!"

Das Karate-Ei

„Ki-a", kräht Lukas,
„wo kriegt der Osterhase
die Eier her?"
„So eine blöde Frage",
denkt Kira.

Auf so was
kommt nur ein kleiner Bruder.
Einer, der noch nicht mal
richtig sprechen kann.

23

„Kiiii-aaaa!!!“

„Wie ein kleiner Esel“,

denkt Kira und sagt:

„Mensch, Lu-as,

das weiß ich auch nicht.

Vielleicht findet er sie?“

„Auf der St-aße? Oder im Wald?“

Lukas will es genau wissen.

„Ach, ich glaub, im Wald“,

antwortet Kira.

Sie will endlich
ihre Schularbeiten machen.
Lukas nervt.
Eine Weile ist er still.
„Ki-aa?"
„Nein."
„Kiii-aaa!"
„Was denn?"

„Wer hat das Ei
in den Wald gelegt?"
„Ein anderer Hase."
„Wa-um?"
Kira hat eine Idee.
In der Schule lernt sie Karate.
Wenn man
einen Karateschlag ausführt,
muss man einen Schrei ausstoßen.
Das klingt wie ,Ha!!!',
aber der Schrei heißt *Ki-ai*.

26

„Weißt du", sagt sie zu Lukas,

„es gibt da einen Hasen,

der kann Karate.

Zum Üben geht er in den Wald.

Wenn er sich dreht

und mit dem Fuß

durch die Luft schlägt,

schreit er ganz laut ‚Kiii-ai!'

Dabei springen ihm manchmal
ein paar Eier aus dem Korb,
das sind die Ki-Eier,
verstehst du?"
Jetzt hat Lukas eine Idee:
„Ist das ein Karate-Ei?"

Vor Begeisterung spricht er
sogar das „r" aus –
zum ersten Mal!
Kira merkt es nicht.
Sie denkt an etwas anderes.

„Genau – ein Karate-Ei.
Deswegen ist es auch weiß –
wie der Anzug der Karatekämpfer.
Und manche Eier
haben bunte Streifen.
Gelbe, rote, blaue oder schwarze.
Je nachdem, welchen Gürtel
der Karatekämpfer getragen hat."

Roxy, das Rock-Huhn

Dudel, didel, dadel.

Im Hühnerhof säuselt Musik.

Bauer Franz hat gelesen,

dass glückliche Hühner

größere Eier legen.

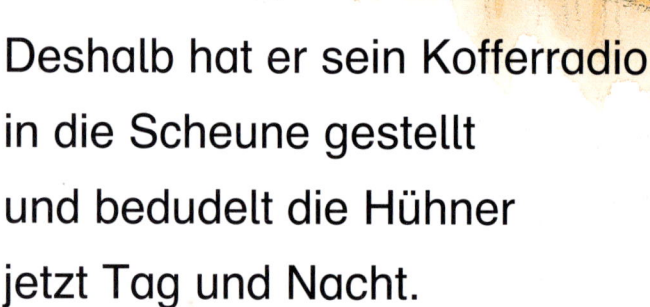

Deshalb hat er sein Kofferradio

in die Scheune gestellt

und bedudelt die Hühner

jetzt Tag und Nacht.

Vielmehr: nur tagsüber.

Nachts machen die Hühner

ein anderes Programm.

Wenn der Bauer weg ist,

drehen sie erst richtig auf.

Hanno, der Hahn,

sträubt seinen Kamm.

So sieht er aus

wie ein Punker.

„Ü-üüüüh!", kräht er,
springt aufs Radio
und verstellt den Sender.
Jetzt tönt fetzige Rockmusik
durch die Scheune.
Die Hühner hacken,
picken und scharren im Takt.

Eines tut sich besonders hervor:
Roxy.
Um die Augen hat Roxy
schwarze Ringe.
Das sieht aus
wie eine Sonnenbrille.

Wenn Roxy rockt,
wackelt die Scheune.
Sie singt und kreischt
und springt von Strohballen
zu Strohballen.

Dabei verrenkt sie sich so,

dass Hanno Angst bekommt.

„Roxy", schreit er,

„pass auf deine Eierchen auf!"

Doch Roxy hört nicht auf ihn.

Sie rockt munter weiter.

Am nächsten Tag

legt sie ein eckiges Ei.

34

Hanno versteckt es.
Er hat Angst,
dass der Bauer
Roxy schlachtet,
wenn sie
keine runden Eier mehr legt.

So geht es nun jede Nacht:

Roxy kreischt und singt,

tanzt und springt

und legt am nächsten Tag

ein schönes, großes, eckiges Ei.

Eines Tages

findet Bauer Franz

die eckigen Eier im Stroh.

Er ist begeistert:

„Die kann man ja

richtig gut stapeln",

brummt er.

„Außerdem kann man sie schön

mit Bildchen bekleben.

Das sind

die idealen Ostereier."

Da rockt Roxy los.

Bauer Franz erkennt die Melodie.

Von nun an dürfen die Hühner
Rockmusik hören –
Tag und Nacht.
Und die Ostereier
sind seitdem eckig.
Wenn man sie schüttelt,
hört man noch
das Schlagzeug.

Warum der Hase die Eier bringt

Weit, weit weg von hier,
auf der anderen Seite
der Erde,
liegt Australien.
Dort sprechen die Leute Englisch.
Auf Englisch heißt ihr Land
‚Ostrehlia‘.

HIER
↓
ERDE
↑
AUSTRALIEN

Pick und Nick,

die Zwillinge,

sind dort berühmt.

Jedes Jahr im Frühling

feiern sie ein großes Fest.

Sie laden ihre Freunde

ins Grüne ein

und servieren ihnen

ein leckeres Essen.

40

‚Picknick' nennen ihre Freunde

dieses Essen.

Zu einem Picknick gehören

Honig und Saft,

Kuchen und Brot,

Wurst und Käse.

Und Milch.

Und Eier.

Die sind besonders schwer
zu transportieren.
Zum Glück
haben Pick und Nick
ein zahmes Känguru namens Bill.
Bei den Ausflügen
trägt Bill das Geschirr
in einem Korb
auf seinem Rücken.

Die Eier steckt er
in seinen Bauchbeutel.
Dort liegen sie
weich und sicher.
Bill springt
mit dem Geschirr und den Eiern
hinter Pick und Nick her.
Einmal hatten die beiden
auch deutsche Gäste.

Weil die Deutschen

kein Englisch konnten,

verstanden sie alles falsch.

Aber das Fest

fanden sie prima.

Zu Hause erzählten sie:

„Nickpick ist ein

Tag im Frühling.

44

An diesem Tag feiert man
das Ostrehlfest.
Es gibt ein feines Essen
und viele, viele Eier.
Die bringt ein
riesengroßer Hoppelhase."

Das fanden die Menschen
in Deutschland lustig.
Seitdem feiern sie Ostrehl.
Die meisten sagen aber *Ostern*.

Außerdem glauben sie,
ein Hase bringt die Eier.
Sie wissen ja nicht,
dass es in Wirklichkeit
ein Känguru ist.

Ob das alles stimmt?
Fragt Flori Flunker –
der hat mir die Geschichte erzählt.

Hase Pinsel auf der Insel

Auf einer Palmeninsel
mitten im Meer
hüpft der Hase Pinsel
fröhlich hin und her.

Er freut sich auf Yvette.
Das ist ein flottes Huhn,
'ne Kleine, Süße, Nette.
Sie kommt aus Kamerun.

Einmal im Jahr, da bucht sie
Urlaub auf der Insel.
Mit viel Gepäck besucht sie
dort den Hasen Pinsel.

48

Sie bringt ihm tausend Eier,
und Pinsel malt sie an,
denn Pinsel ist ein freier
Künstler, der das kann.

Bei Pinsel ist die Freude groß:
Rot und Grün und Gelb und Blau –
damit legt er richtig los.
Es ist eine Schau!

49

Yvette nimmt die Eier
dann alle wieder mit
für ihre Osterfeier.
Sie zahlt, und man ist quitt.

Hase Pinsel hat jetzt Geld.
Mit Freunden isst und trinkt
er wie ein Mann von Welt –
bis die Sonne sinkt ...

Der Osterschreck

Quiiietsch!!!

Langsam, gaaanz langsam

geht die Tür auf.

Constanze lugt

ins Wohnzimmer.

Alles ist dunkel.

Nicht ganz –

auf dem Tisch

erkennt sie etwas Rundes.

Bestimmt ist das
ihr Osternest.
Also war der Osterhase
doch schon da!
Ein Glück,
dass sie so früh
aufgestanden ist!
Plötzlich
bewegt sich das Nest.

„Aaaah!"

Schreiend rast Constanze

ins Schlafzimmer:

„Mama! Papa!

Das Osternest bewegt sich!"

„Mmmmh",

brummt Papi.

Aber er kommt mit.

Zusammen entdecken sie
ein hellbraunes Kaninchen.
Es sitzt in einem Käfig
gleich neben dem Osternest.
Wenn es mit der Nase
durch die Gitterstäbe stupst,
wackelt der Schokohase.

54

Constanze ist begeistert:

„Ein echter, kleiner Osterhase!

Na du?

Du hast mich

ganz schön erschreckt!

Wenigstens weiß ich jetzt,

wie du heißt:

Hallo, Willi Wackel!"

Der Pfingsthase

„He, Phil!"
Jan stupst seinen Freund
in die Rippen:
„Da unten – ein Hase!"
Vorsichtig lugen die beiden
übers Balkongeländer.

Tatsächlich:
Ein großer, brauner Feldhase
sitzt auf dem Parkplatz
von Philipps Vater
und rupft Klee aus den Ritzen.
Und das am Pfingstsamstag!

„Ist das ein Pfingsthase?",
fragt Phil.
„Oder will er nachsehen,
ob seine Eier
alle aufgesammelt sind?"

Die Freunde kichern.

Den Hasen stört das nicht.

Er mümmelt Pflasterblümchen.

„Ein Glück,

dass ich meinen Fotoapparat

dabeihabe", denkt Jan –

und macht einen Schnappschuss.

„Für unsere nächste Osterkarte.

Ostern kommt ja wieder –

im nächsten Jahr!"

Margot Scheffold wurde 1965 in Franken geboren. Seitdem ist sie ganz schön weit herumgekommen. Weil sie Sprachen studierte, lebte sie in Spanien, Argentinien und Ägypten – lauter Länder, in denen Ostern besonders schön gefeiert wird. Heute wohnt sie in München und ist Redakteurin beim Fernsehen.

Christian Zimmer wurde 1966 in Nordkirchen geboren. Er studierte Design in Münster und arbeitet seitdem als Grafiker und Illustrator. Wenn er nicht gerade Hasen, Hühner oder sonstiges zeichnet, macht er auch gerne wie Roxy, das Rockhuhn, laute Musik.

Lesepiraten

Hexengeschichten
Jana Frey

Gespenstergeschichten
Julia Boehme

Geburtstagsgeschichten
Ingrid Kellner

Rittergeschichten
Martin Klein

Geschwistergeschichten
Milena Baisch

Fußballgeschichten
Ulli Schubert

Kleine Geschichten, großer Lesespaß!

Noch mehr Lesepiraten-Spannung:
Lesepiraten-Feriengeschichten,
Lesepiraten-Detektivgeschichten,
Lesepiraten-Ostergeschichten,
Lesepiraten-Abc-Geschichten,
Lesepiraten-Indianergeschichten,
Lesepiraten-Freundschaftsgeschichten